MOYENS

POUR

LA RESTAURATION

DES PILIERS DU DÔME

DU PANTHÉON-FRANÇAIS;

Par Charles-François VIEL,

Architecte de l'Hôpital-général, Membre du Conseil des Travaux publics du Département de la Seine, et de l'Athénée des Arts.

DEUXIÈME ÉDITION.

IMPRIMERIE DE H.-L. PERRONNEAU.

PARIS,

Chez { L'Auteur, rue du faubourg St.-Jacques, près le Val-de-Grace, n°. 288;
Tilliard frères, Libraires, rue Haute-Feuille, n°. 22;
Goeury, Libraire, quai des Augustins, n°. 41.

AVRIL 1812.

MOYENS

POUR

LA RESTAURATION

DES PILIERS DU DÔME

DU PANTHÉON-FRANÇAIS.*

J'ai démontré (1) les véritables causes de la ruine des supports du dôme du Panthéon, partie la plus importante de l'ordonnance de ce vaste édifice. Les causes que je dois rappeler consistent dans la forme triangulaire du plan de ces mêmes supports, dans l'application des colonnes qui leur tiennent par un faible point, et dans l'insuffisance de leur masse.

Il n'existe pas de gens instruits dans l'art de bâtir, qui méconnaissent le péril imminent où se trouve exposée la coupole du

---

* Ce Mémoire, le premier que j'aie publié sur le Panthéon, date de 1797, et le Supplément, intitulé: *Plans et coupes du projet de restauration* en a été imprimé en 1798.

(1) *Principes de l'ordonnance*, etc. Chap. 36, p. 209; chap. 37, p. 215.

Panthéon. L'état actuel de ruine du corps de ses piliers et des colonnes qui y sont adhérentes, prouve la nécessité de leur restauration. Dans la lutte établie entre le poids du dôme et la résistance des supports, la masse soutenue ne perd rien de son action destructrice, tandis que la masse qui porte et qui résiste, voit, au contraire, sa puissance s'altérer de plus en plus, et bientôt devoir être nulle (1).

Pour remplir avec succès le grand travail de la restauration des supports du dôme du Panthéon, les bornes de l'art sont très-circonscrites, et l'on peut appliquer à ce sujet la pensée de Boileau :

« La raison, pour marcher, n'a souvent qu'une voie. »

En effet, le plan du temple de Soufflot est exécuté; ses différens axes sont invariables, les proportions des colonnes sont fixées. Voilà des obstacles bien capables d'entraver les efforts des architectes qui s'occupent de cette restauration importante par son objet et difficile par sa nature. Cependant il existe des moyens propres à conserver la coupole, ainsi que les péristyles intérieurs de ce monument sans leur porter aucune atteinte. Il faudroit être sans génie pour ne concevoir, dans les renforts à faire aux piliers du dôme, qu'une construction de plaquis, et en tirer la conséquence et la nécessité

---

(1) A l'époque du premier juin de cette année 1797, je remarquai que les progrès des froissemens dans les supports continuaient de la manière la plus sensible. La colonne d'angle du pilier *est*, sur la branche *nord*, s'entrouvrait au-dessus de la base dans la hauteur de plusieurs tambours.

L'on conçoit aisément les conséquences qui peuvent résulter de la ruine complète de ces mêmes parties.

Dans une visite du 14 octobre suivant, je constatai que la plupart des colonnes des différens supports avaient, dans leurs mouvemens, rompu les queues d'hirondes et les autres signes appliqués sur leurs tambours.

de démolir la coupole entière, et d'appliquer dans cette circonstance l'axiôme : *Sublatâ causâ, tollitur effectus.* Détruisez la cause, par là vous arrêterez l'effet (1).

L'AUTEUR de ces propositions, M. P., qui dans un nouveau mémoire publié en 1800 sur le temple de Ste.-Geneviève (le Panthéon-Français), substitue une simple voûte hémisphérique à la tour du dôme et aux triples voûtes qui la surmontent, et immédiatement établie au-dessus de l'entablement qui couronne les pendentifs; cet architecte a commis une erreur capitale en construction, en jugeant que par son projet il supprimeroit la cause des effets de destruction des piliers. Il n'a pas aperçu que malgré la démolition qu'il fait du dôme entier, ces piliers, par la nature de leur plan anguleux à leurs têtes, restoient toujours dans une faiblesse absolue contre la puissance des voûtes des nefs et celle des pendentifs; conséquemment, un pareil projet, pauvre dans sa composition, étoit incapable de *remédier* au mal (2).

EN vain l'on a prétendu, pour appuyer un système aussi barbare, la démolition du dôme, que la nouvelle destination du temple de Ste.-Geneviève permet de grands changemens dans cette coupole, et même sa suppression totale. Je demanderois à l'auteur de pareils projets en quoi consiste le caractère d'un morceau d'architecture? N'est-il pas constant qu'il résulte de la forme de son plan et des proportions qui en composent l'ordonnance? Or, pourra-t-on jamais faire disparoître dans le plan du Panthéon-Français, la figure de la croix qu'il exprime, figure particulière aux temples des chrétiens?

(1) *Observations sur l'état alarmant du Panthéon et sur les moyens d'y obvier.* Journal de Paris, n°. 245, quintidi 5 prairial an 5 (24 mai 1797.)
(2) La citation faite dans la première édition de ce mémoire, en 1797, extraite du Journal de Paris, était de M. Patte, qui ne publia que trois ans après le Mémoire qui renferme son projet de restauration, dont les dessins qui l'expriment sont devenus le sujet de ce nouveau paragraphe.

MAIS les dômes, ces ingénieuses compositions dont l'idée primitive se trouve dans l'antiquité et dont l'espèce fut plus prononcée au sixième siècle, dans le temple de Ste.-Sophie de Constantinople; les dômes ne conviennent pas seulement aux édifices sacrés, ils peuvent être adaptés avec succès à plusieurs autres bâtimens publics. C'est pourquoi l'un des plus grands génies que la nature ait formés pour les arts, Raphaël, dans son école d'Athènes, a-t-il admis la composition d'un dôme au centre du superbe portique dans lequel il a rassemblé les principaux philosophes de l'antiquité; et il n'y a point lieu à provoquer la suppression de celui du Panthéon, malgré le nouvel usage de ce monument.

JE dirai plus : si l'on considère cet édifice comme un mausolée, son dôme lui convient par sa forme pyramidale et circulaire. Une disposition analogue se rencontre dans des bâtimens antiques qui avoient la même destination. Tel étoit le môle d'Adrien, à Rome, aujourd'hui le château St.-Ange. Ce mausolée fameux offroit dans son premier état un large soubassement carré avec trois ordres qui s'élevoient les uns au-dessus des autres sur des plans circulaires : « Le tout, dit Barbault, couronné d'une espèce de dôme ou coupole, etc. » (1).

CETTE convenance des dômes aux mausolées est encore appuyée par l'exemple d'un monument moderne de ce genre, la sépulture des Valois à Saint-Denis. Le plan ingénieux de ce chef-d'œuvre d'architecture, qui seul eût immortalisé Philibert Delorme, étoit composé à l'extérieur de deux ordres élevés à-plomb l'un de l'autre, avec un attique couronné d'une coupole (2).

---

(1) Ce monument nous est ainsi offert dans le recueil connu :
Antiquæ urbis splendor. Pl. 116. *Romæ, anno* 1612.

(2) *Recueil des plans, profils*, etc.; par Marot. Pl. 106 et 107.
A Paris, chez Mariette.

De telles autorités sont bien capables de fixer nos idées sur une question aussi intéressante; d'où je conclus qu'il ne faut point prétendre procurer au Panthéon une plus grande convenance à sa destination, en supprimant sa coupole ou en détruisant même son dôme. Un pareil attentat ne seroit attribué qu'à une insuffisance de moyens de restauration. Il faut vaincre la difficulté. Tout se réduit à consolider efficacement les supports. Aussi faut-il que l'artiste, dans ses méditations sur ce grand sujet, se défende de tout esprit systématique contre l'invention des dômes. Ces sortes d'ordonnances, comme l'a remarqué un auteur judicieux, feront toujours la principale beauté des temples (1), et cette opinion a été celle des plus grands architectes (2).

RESTAURATION.

Je réduirai à deux espèces différentes, que la science seule puisse avouer, les moyens de restauration des piliers du dôme du Panthéon; l'une est le renfort à opérer sur les deux côtés de l'angle droit de leur plan triangulaire, l'autre est celui à faire sur le côté opposé à cet angle qui forme le pan coupé, et tout ensemble à la tête des piliers. J'insisterai peu en traitant de la première, mais je développerai toutes les ressources de la seconde.

Renforts sur les côtés droits des piliers.

Les premiers moyens pour consolider le dôme consistent dans la construction de deux masses semblables qui uniroient chacun des

---

(1) *Examen d'un essai sur l'architecture.* A Paris, chez Michel Lambert, 1753.

(2) Les motifs exposés ici, pour la conservation du dôme du Panthéon sont devenus d'autant plus puissans, que ce temple est rendu aujourd'hui (an 1812) à l'usage du culte.

piliers, avec les colonnes des péristyles qui leur correspondent sur chaque branche des nefs. Ces masses s'érigeroient sur des plans circulaires, et seroient ouvertes dans l'axe des mêmes péristyles; de cette manière les piliers recevroient un renfort important.

Voy. la pl. N° 22.

Mais une pareille addition, indépendamment de l'atteinte qu'elle porteroit à l'ordonnance dans cette partie du temple, exigeroit pour la symétrie du plan général, que les mêmes formes fussent rappelées aux extrémités des nefs, ce qui ne laisseroit plus sur chacun de leurs côtés, que deux colonnes isolées; dès-lors tout l'effet des péristyles est évanoui. L'on ne peut donc se livrer à cette espèce de moyens, quelqu'avantage qu'elle présente. Si l'on vouloit, en s'attachant au même système de restauration, réduire le renfort à donner aux piliers en une seule masse circulaire semblable aux précédentes, placée sur la diagonale de leur plan, entre leurs angles droits et ceux des murs d'enceinte, il en résulteroit les conséquences suivantes.

Une seule masse adaptée ne pourroit s'unir que foiblement aux angles que je viens de désigner. Elle exigeroit la reconstruction totale des deux colonnes solitaires et de celle d'angle adhérent aux murs d'enceinte. Cette masse d'ailleurs fortifieroit peu les piliers, elle ne remédieroit pas au porte-à-faux des voûtes des nefs sur les plate-bandes des colonnes qui leur tiennent; elle ne viendroit à l'appui que du péristyle extérieur du dôme sous l'arc-boutant intermédiaire aux grands arcs chainettes et qui se lie avec eux (1); selon ce plan encore, les suites des colonnes de l'intérieur du temple seroient interceptées; donc il faut renoncer à toutes restaurations sur les côtés droits du plan des supports (2).

(1) Ces arcs ne soutiennent que le soubassement du péristyle extérieur du dôme, leur diamètre est de 95 pieds 5 pouces, sur 31 pieds 10 pouces 6 lignes d'élévation de ceintre.

(2) La restauration exécutée à cette

Moyens de Restauration.

OBSERVATIONS.

Après avoir démontré la nécessité d'avoir recours à des moyens différens des premiers pour accroître la force des piliers, je vais traiter des renforts à faire sur les côtés intérieurs du plan du dôme. Je ne dissimulerai pas cependant les difficultés qui s'y rencontrent et que je dois désigner.

Les obstacles dont je veux parler, sont : 1°. le peu de largeur de la tête des supports, composée d'une seule colonne et d'un demi-pilastre, n'ayant ensemble et de front que 5 pieds 6 pouces 3 lignes ; 2°. l'impossibilité absolue de rien ajouter à ces supports avec succès, en se reportant sur les péristyles ; et ces obstacles naissent du vice radical de leur plan triangulaire, forme contre laquelle je ne puis trop insister.

Or, la nature de ces dispositions a entraîné les conséquences suivantes. D'abord les voûtes des nefs, ainsi que les pendentifs qui leur sont intermédiaires, reposent immédiatement et en entier sur les quatre piliers solitaires. Ensuite l'épaisseur de ces bases du dôme n'ont dans leur plus grande dimension que 10 pieds, et sur elles la projection des pendentifs est de 8 pieds ; et la hauteur totale de la construction de cette partie du temple, à compter du sol intérieur, jusques et compris le lanternon qui couronne la coupole, est de 235 pieds.

L'on aperçoit aisément, d'après ce simple exposé, qu'il est inévitable d'attribuer à ces mêmes bases des forces nouvelles qui fassent dis-

époque (an 1812) atteste toute la justesse de cette assertion. L'accroissement principal fait sur les seuls côtés droits du plan des piliers et la suppression des colonnes qui les composoient ont porté la plus grande atteinte à l'ordonnance des péristyles, etc.

B

paroître cette espèce d'échafaudage. Il n'est donc pas d'accroissement qui conviennent mieux que ceux à faire sur les pans coupés, et qui soient plus conformes aux principes (1), malgré les obstacles qui s'y rencontrent. Par là on peut rapprocher le plus possible les paremens de ces côtés des piliers de l'à-plomb de celui du soubassement de la tour du dôme, et en diminuer ainsi la grande projection des pendentifs (2). En conséquence, j'ai porté mes méditations sur ce point essentiel ; mais par suite des obstacles que je viens d'indiquer, je n'ai pu tenter que trois combinaisons différentes pour refondre, si je puis m'exprimer ainsi, les supports du dôme du Panthéon.

ACCROISSEMENS

Sur les pans coupés des supports du dôme.

Premier projet.

Les plus simples combinaisons, et qui appartiennent à ce premier projet, consistent dans des piédroits qui s'uniroient avec les colonnes engagées aux angles aigus des supports et à leurs pilastres qui seuls disparoîtroient, les trois colonnes qui enrichissent chacun d'eux devant être conservées. Ces piédroits auroient 2 pieds de saillie à compter du tailloir du chapiteau de la colonne d'angle,

---

(1) J'ai traité de ces principes dans mon ouvrage sur les voûtes, publié en juin 1809.

(2) *Principes de l'ordonnance*, etc., Chah. 40, pag. 230.

et 5 pieds 6 pouces de largeur à leurs têtes, dimension qui est celle des mêmes colonnes et des pilastres réunis. L'on obtiendroit une telle largeur par un dégagement fait sur l'allette qui s'aligneroit avec le fût de la colonne à sa diminution. ^{Voy. le plan.}

Les piédroits procurent les avantages suivans. D'abord ils renforcent puissamment les angles aigus des piliers contre la poussée des voûtes des nefs. Ensuite ils étayent avec succès le porte-à-faux de 12 pouces 9 lignes de la tour du dôme qui existe sur l'axe de ces mêmes voûtes ; ils font disparoître dans leurs coupes les redans dont j'ai signalé tous les vices (1), et leur substituent un arc doubleau d'une force réelle; ils permettent encore un accroissement important, essentiel, dans les pans coupés, et donnent la facilité d'y ajouter des colonnes du même ordre pour concourir à la richesse de l'ordonnance.

Mais ce premier projet renferme deux inconvéniens principaux. L'un consiste en ce que de simples piédroits érigés au centre de la somptueuse composition de ce temple, y porteroient atteinte, et causeroient une discordance entre le plan des nefs et celui du dôme. En vain, pour les enrichir et lier toute l'ordonnance, l'on y adapteroit des ornemens, ou des figures sur des piédestaux. L'autre inconvénient de ce même projet tient au dégagement de 18 pouces de profondeur qu'il nécessite entre la colonne d'angle et le piédroit, et qui produiroit le plus mauvais effet.

Deuxième projet.

La seconde des combinaisons dans l'accroissement des piliers différeroit de la précédente, en ce que les piédroits n'auroient de largeur

(1) *Principes de l'ordonnance*, etc., Chap. 39, pag. 222.

que la moitié du diamètre des colonnes d'angles jointes à celle des pilastres. Dans ce système, une colonne solitaire viendroit enrichir la tête des piédroits, et un petit ordre pourroit en décorer les pans coupés également augmentés dans leurs masses comme dans le premier projet.

Voy. le plan.

Si ce projet a l'avantage sur le premier de ne point rompre la richesse de l'ordonnance, il s'y trouveroit deux vices différens : l'un, relatif à la solidité, feroit que les colonnes des angles des supports resteroient saillantes sur l'allette des piédroits d'un demi-diamètre, en sorte que ceux-ci n'auroient plus que 4 pieds 3 pouces d'épaisseur, au lieu de 5 pieds 6 pouces, comme ceux du projet précédent. De pareils piédroits n'agiroient pas avec le même avantage contre le porte-à-faux de 12 pouces 9 lignes au-delà du nu des colonnes du cercle extérieur du plan de la tour du dôme dans l'axe des nefs. L'autre vice intéresse les effets de l'architecture. Dans ce projet, les piédroits et les colonnes isolées qui les accompagnent, auroient une maigreur inévitable, et les ressauts dans les entablemens seroient durs et âpres.

Telles sont les deux restaurations que permettent, et les différens axes des péristyles, et la circonférence du plan du dôme dans son assiette au-dessus des voûtes des nefs. Or, comme il est évident que chacune d'elle a des inconvéniens graves, l'on ne doit s'arrêter ni à l'une ni à l'autre.

Troisième projet.

Au milieu des difficultés sans nombre dont la réfection des supports du dôme du Panthéon est hérissée. Il faut que l'architecte franchisse la barrière qui s'oppose aux effets de l'ordonnance et aux grands moyens de solidité qu'elle exige.

C'est dans cette forte persuasion que j'ai tracé le plan que je vais décrire, celui auquel, ainsi que je l'ai annoncé dans mon ouvrage, je me suis fixé de préférence, et le plus conforme aux véritables principes pour obtenir le succès désiré (1). Dans l'état actuel, le plan des voûtes des nefs qui forme avant-corps à l'entrée du dôme, fait tangente sur leurs axes au cercle intérieur du plan de la tour du dôme; et dans les accroissemens que cette partie des piliers doit recevoir, le nouveau plan pénétrera dans celui du dôme.

Voy. le plan.

Disposition générale.

J'établis le sol du temple sur un même niveau, selon la pensée de Soufflot, qui n'admit dans ses dernières études, une différence de 2 pieds 6 pouces plus bas, que dans le sol de la première nef, d'entrée. Je reporte à la tête des péristyles de cette même nef, côté du portail, les marches construites dans la largeur de leurs trois entre-colonnes (2).

Renforts faits aux piliers.

Quatre nouvelles colonnes isolées mais très-voisines d'un corps de maçonnerie ou piédroit, ne faisant qu'un même tout avec lui, remplacent les pilastres ployés de la tête des piliers, ces colonnes placées deux sur chaque côté des nefs, annoncent l'entrée du dôme et en prononcent la forme du plan intérieur qui s'aperçoit à peine aujourd'hui; et sur elles reposent des arcs doubleaux qui se marient avec les voûtes. Les pans coupés, devenus plus larges, présentent une surface sur laquelle peut s'adapter un détail convenable.

---

(1) *Principes de l'ordonnance*, etc. Chap. 30, pag. 234.
(2) Le plan de Ste.-Geneviève, gravé en 1775 et publié par Dumont, est conforme à ce que j'annonce ici; l'on n'y voit point les marches exécutées dans le pourtour des nefs. Le plan du dôme et de trois des nefs, sont de niveau.

14 MOYENS DE RESTAURATION.

PREMIER RÉSULTAT.

Les huit piédroits dans ce plan, côté des nefs, ont 10 pouces d'allette, laquelle est d'alignement avec l'axe des colonnes isolées qui font avec eux partie des piliers, tandis que dans le plan du dôme, elle est d'affleurement avec les colonnes à leur diminution. De ces dispositions il résulte que les deux colonnes nouvelles qui accompagnent chacun d'eux, offrent un front de 8 pieds, qui fait la largeur des arcs doubleaux. Indépendamment de ces constructions, qui absorbent la forme triangulaire des supports, leurs pans coupés reçoivent un supplément de 5 pieds, sans y comprendre les liaisons que la simple suppression des plaquis qui couvrent leurs surfaces, doit opérer (1).

Quelques considérables que soient les accroissemens que je propose, ils n'exigent point de nouvelles fondations; celles qui existent sont suffisantes pour les recevoir. Soufflot, sans doute, lorsqu'il jeta les fondemens de son édifice, a été inspiré par un génie conservateur de son propre ouvrage, pour lui procurer un jour les bases nécessaires à la restauration des supports de sa coupole.

SECOND RÉSULTAT.

Les proportions qui doivent exister entre les masses des piliers et celles des piles de la tour du dôme, sont l'objet principal qu'il faut considérer. Je vais donc comparer les proportions établies par Soufflot entre ces mêmes parties, avec celles que mon plan leur
Voy. le plan. assigne.

(1) Voir le plan de la restauration que j'ai publié en 1798 et qui fait partie de la collection des planches de mon ouvrage entier.

La coupole a pour appuis immédiats, les quatre piles de la tour dans lesquelles sont pratiqués les escaliers qui conduisent au sommet de l'édifice; elles sont l'ame, pour ainsi dire, de toute cette construction. C'est l'existence et la masse de ces piles, qui légitiment en partie la réponse faite récemment contre le système ancien qu'avait fait valoir l'architecte Patte, système qui veut que toutes les parties de la tour d'un dôme aient une même épaisseur, *du dixième* de son diamètre (1). En effet, les piles exécutées ont 10 pieds d'épaisseur sur une longueur de 19 pieds, tandis que les trumeaux intermédiaires n'ont que 3 pieds 3 pouces (2), au lieu de 6 pieds 2 pouces, uniformément prescrits dans le mémoire de Patte; le diamètre intérieur du dôme du Panthéon étant de 62 pieds. Ce critique cependant considéra la coupole comme devant être composée d'une seule voûte en pierre (3), au lieu de trois différentes qui la construisent; et l'on est néanmoins assez d'accord à la juger solide, considérée en elle-même, dans laquelle toutefois le fer joue un grand rôle, et sur la durée de laquelle le tems seul doit prononcer.

Mais l'épaisseur de la tour du dôme, réduite sur les axes à son *minimum*, a exigé l'érection des piles sur les diagonales d'une épaisseur considérable, sans laquelle le dôme entier ne pourroit exister, et dont le volume cubique excède de beaucoup celui des piliers. Ces piles, observons-le, à l'exception des cages d'escaliers qu'elles renferment et qui sont un vide effectif, portent en totalité sur les pendentifs dont

---

(1) « Enfin on aura l'épaisseur du tambour, nécessaire pour contreventer la coupole, en partageant le diamètre de son dedans œuvre en dix parties égales, et en donnant à son mur *uniformément* une de ces parties. »
Mémoire sur la construction de la coupole de Ste.-Geneviève, pag. 10, an 1770.

(2) Pour être exact, il faut ajouter à cette épaisseur propre des trumeaux, celle des colonnes intérieures qui en dépendent et qui produisent une épaisseur réelle de 5 pieds.

(3) Planche 1, fig. 1re. Mémoire de Patte, précité.

l'extraordinaire projection accroît d'autant plus la puissance de la masse du dôme sur les piliers.

L'étude de la nature des plans inférieurs et supérieurs de la coupole du Panthéon, m'a conduit à établir entre eux les rapports suivans.

D'abord la projection des pendentifs est réduite à 3 pieds au lieu de 8 pieds qui est l'état actuel, par l'accroissement fait aux supports, en sorte qu'ils soutiennent presque d'à-plomb le plus grand poids du dôme.

Ensuite les piles de la tour à leurs extrémités, ont non-seulement des appuis verticaux dans les piédroits des voûtes des nefs, mais encore de larges empattemens sur les flancs. De plus, ces piédroits ainsi que les seize colonnes nouvelles et les arcs doubleaux qu'ils reçoivent, consolident avec succès le porte-à-faux de la tour de 12 pouces 9 lignes ; ils procurent aux supports du dôme, un cube supérieur à celui des piles qui s'érigent sur eux; et ils satisfont pleinement aux principes (1).

Dans cette restauration, il ne suffisoit pas que les renforts que je donne aux piliers fussent capables d'assurer la conservation de la coupole du Panthéon, et qu'ils remplissent la première des conditions, la solidité ; il falloit encore que celles qu'exigent les belles proportions de l'architecture s'y rencontrassent. Je dois m'expliquer sur ce point délicat.

Les arcs doubleaux, ces parties essentielles au soutien des dômes, propres à produire des effets larges et heureux dans leur ordon-

(1) *Principes de l'ordonnance*, etc., Chap. 36, pag. 208.

nance, auroient 29 pieds 8 pouces de diamètre, leur hauteur sous clef seroit de 67 pieds 3 pouces 10 lignes à compter du sol surélevé de 2 pieds 6 pouces (1). Les nouvelles colonnes établiroient au centre de la composition une richesse nécessaire qui lui manque. Entre elles, et en avant des pans coupés, des groupes de figures seroient érigés sur de larges piédestaux; l'apothéose des hommes les plus illustres, décoreroit en bas-relief le nud des pendentifs. Les arcs doubleaux que j'emploie et dont les formes sont triomphales, conviennent au dôme qui est le temple proprement dit, dont ils composent l'entrée; tandis que les nefs peuvent n'en être considérées que comme les avenues (2). Les péristyles y conserveroient leurs distributions primitives, ainsi que tous leurs membres. Mon projet ne fait disparoître dans le plan de Soufflot que les pilastres, seule décoration des mêmes pans coupés que tous les architectes ont condamnée.

Je ne crains pas que l'on oppose contre mon plan la réduction qu'éprouvera le dôme au sol de l'édifice dont le diamètre paroît déja foible à l'égard de la capacité entière du temple, effet qui résulte de ce que chaque nef n'a pas ses deux suites de colonnes complettes comme il faudroit qu'elles existassent. On ne peut également me

---

(1) La largeur des voûtes exécutées, est de 39 pieds 8 pouces entre les colonnes d'angles des piliers qui les portent, la hauteur est de 72 pieds 3 pouces 10 lignes du niveau que j'ai adopté.

De cet état ancien comparé au nouveau, l'on reconnaît que la clef des voûtes des nefs dans l'aplomb de la tour du dôme a un renfort de 5 pieds.

L'on juge toutes les conséquences avantageuses qui en résultent, quant à la solidité, pour cette partie; et l'on aperçoit aussi que la nature des renforts que je fais facilitera beaucoup la restauration.

(2) L'on sait que les temples et les basiliques antiques les plus estimés n'offraient point de ressauts dans leurs plans, et que leurs voûtes étaient continues. Mais le Panthéon, composé avec un dôme, doit avoir du mouvement dans cette partie de son plan. D'ailleurs, sa conservation exige impérieusement les ressauts.

faire une objection sérieuse contre l'excédent de la saillie de la nouvelle corniche circulaire qui couronnera les pendentifs (1).

Je soutiens contre la première objection que les colonnes ajoutées, non-seulement ne réduiront pas à l'œil la grandeur du plan du dôme, mais qu'elles en augmenteront l'apparence, et par leur disposition, et par leur forme naturelle. Cet effet d'optique à attendre, est certain; c'est par suite d'une illusion semblable qu'une enceinte dans laquelle on aura planté des arbres, paroîtra plus spacieuse qu'on ne l'auroit jugé avant cette opération. J'observe que malgré les accroissemens faits aux piliers du dôme du Panthéon, leur masse cubique et le développement de leurs pans coupés, restent inférieurs à ceux des mêmes parties aux Invalides et à Saint-Paul de Londres, considérées dans les proportions respectives entre les vides et les pleins de leurs plans.

Quand à la corniche circulaire au-dessus des pendentifs, que mon projet exige de reconstruire, elle sera moins saillante que la première sur le nu de la frise, sans perdre de la division et du mouvement qui font le charme des profils. Le stylobate qui s'élève au-dessus de cet entablement en obtiendra même, dans l'apparence de sa hauteur trop forte, une meilleure proportion. Enfin, je le répète, si l'on ne veut pas altérer le plan de Soufflot, si l'on veut conserver la coupole, le succès dépend des renforts à donner aux piliers à leurs têtes sur les différentes nefs, ainsi que sur les pans coupés (2).

(1) Les échafauds qui environnent les quatre supports, et des pendentifs dans toute leur hauteur, et en avant de 5 à 6 pieds, peuvent indiquer la saillie des masses que je propose.

Les madriers qui reposent sur la corniche circulaire au-dessus des pendentifs, et qui excèdent de 2 pieds, annoncent la réduction que produira la nouvelle.

(2) Le Gouvernement, sans doute,

CONCLUSION.

SANS doute que ceux des architectes qui, de nos jours, ont mérité le plus l'estime publique par de vrais talens, et qui sont les plus familiers avec les grands principes de leur art, sauront combiner avec succès les moyens efficaces pour la noble entreprise dont il s'agit; ils jugeront que la célébrité acquise par les Français dans le grand art de bâtir, leur fait une loi de conserver le dôme du Panthéon. Mais si la composition entière de cet édifice, si sa destination nouvelle exigent le maintien de sa coupole, comme je l'ai démontré, l'économie d'ailleurs le commande au Gouvernement.

J'AVANCE que, soit qu'on démolisse quelques parties de la coupole, ou qu'on la supprime, l'une ou l'autre de ces mesures occasionneroient une dépense considérable que sa conservation entière évitera ; car la réfection des piliers dans les paremens de leurs trois côtés, la reconstruction de leurs têtes et des douze colonnes adhérentes, sont inévitables, quelle que soit la nature de la restauration que l'on adopte.

IL est constant, d'après les effets ruineux qui se sont manifestés dans les supports du dôme de Sainte-Geneviève dès 1778, aussitôt que les voûtes des nefs et les pendentifs furent construits ; il est constant, dis-je, que l'insuffisance de ces mêmes supports pour soutenir le poids de ces seules parties, étoit déja prouvée ; et ces

avant de prendre aucun parti dans une entreprise qui intéresse tout-à-la-fois la gloire de la nation et l'emploi des fonds de l'état, ordonnera l'exécution en modèles de ceux des projets qui auront été jugés les meilleurs.

effets ont été provoqués par la forme de leur plan, qui a entraîné le porte-à-faux dans les culées des voûtes. Voilà comment toutes les grandes fabriques du dôme, établies sur de telles bases, ont d'autant plus déterminé par leur poids les destructions dont nous sommes les témoins. Je suis donc bien fondé à conclure, comme je l'ai avancé dans mon ouvrage (1), que les vices dans les procédés de bâtir, auxquels on voudroit attribuer tout le désordre des supports, ne sont que des causes secondes. Je dis désordre dans les supports, parce que l'on ne peut en distraire ni les colonnes, ni les pilastres écrasés qui en font partie, et que leurs corps, proprement dits, ont leurs paremens aussi fracturés.

L'on sait que pour l'exécution de cet édifice, les procédés les plus scrupuleux ont été apportés, dès son origine, jusqu'à la hauteur de 4 pieds au-dessus du sol des nefs; que la construction ensuite, jusqu'aux chapiteaux des colonnes, a été moins soignée. Et de cette négligence, l'on persiste à faire dépendre toutes les dégradations qui se sont manifestées dans les supports du dôme!

Je demande d'abord comment il se fait que le socle des piliers dont la hauteur est de 2 pieds 6 pouces, construit avec le plus grand soin, lié sur deux sens avec les constructions environnantes, fortifié par ses empatemens, ce socle lui-même soit fracturé? Je demande encore pourquoi les colonnes engagées aux angles des murs d'enceinte et celles de péristyles qui avoisinent les piliers, mais étrangers au poids particulier du dôme, n'offrent point de signes de destruction? Ce seroit se refuser à l'évidence, que de ne pas convenir que la cause principale des accidens qui existent dans ces piliers, est la foiblesse relative de leurs masses comme aussi la figure de leur plan.

(1) Chap. 37, pag. 212.

D'après des considérations aussi puissantes, je suis très-fondé à persister dans l'opinion que j'ai publiée, et je conclus de nouveau que le poids des voûtes des nefs, par leur porte-à-faux sur les plates-bandes, étant d'ailleurs tranchées à leurs têtes; que celui des pendentifs et de l'entablement qui les couronne, écraseroient toujours, même en l'absence du dôme, les colonnes qui ne tiennent aux angles des piliers que par un foible point. Donc quelque changement ou quelque altération que l'on se permette dans l'ordonnance du dôme, il y aura une nécessité absolue, en reconstruisant les douze colonnes, de venir à leur secours par des masses nouvelles, et de faire disparaître la forme triangulaire qu'elles dessinent dans le plan des piliers.

Ce ne sont pas ici de vaines redites contre l'insuffisance du volume des supports de la coupole du Panthéon, mais des vérités sur lesquelles il importe d'insister ; car pour soutenir avec succès la thèse contraire, à l'aide des sciences mathématiques, et contre le témoignage frappant de la nature elle-même, dans une question d'une aussi haute importance, il faudroit pouvoir connoître toute la force dont les pierres employées dans la construction des bâtimens sont capables. Et cela est impossible. Il est certain que les machines composées pour découvrir cette propriété dans les pierres, étant susceptibles de plus ou moins de perfection, donnent des résultats différens ; et en admettant qu'une machine pût être parfaite, les calculs seroient encore insuffisans. La raison en est que les mêmes bans de pierre dans les carrières offrent une grande variété dans les élémens qui les constituent; en sorte que mis en œuvre, ils ont plus ou moins de force. Donc il ne faut jamais faire dépendre la durée des édifices de quelques expériences fautives par l'imperfection des machines, ni des hasards dans les qualités incertaines des matériaux, ni enfin de la négligence inévitable dans la manutention.

Ainsi, la prudence veut que l'on se dirige d'après les modèles qui subsistent depuis des siècles, pour déterminer la proportion des masses nécessaires à la solidité dans les monumens à construire ; ils feront toujours la règle la plus certaine pour obtenir cette proportion. Il faut abandonner tous moyens artificiels que l'expérience rejette. Or, il n'est pas d'exemple d'aucun dôme dont les supports soient aussi foibles que ceux du Panthéon Français. Aucun ne contrarie, comme lui, les principes sur la réduction dans les masses supportées (1); et dont le plan ait des parties extérieures en porte-à-faux au-delà des voûtes qui le soutiennent. La seule inspection des plans des coupoles de Saint-Pierre, à Rome, de Saint-Paul, à Londres, des Invalides, à Paris, mis sous les yeux du public depuis longtems, comparés avec celui du Panthéon, démontre la vérité de la proposition. Donc il faut d'autant plus augmenter le volume des supports dont il s'agit; et le sens dans lequel je le propose satisfait le mieux à toutes les conditions imposées par le plan exécuté.

Je crois avoir prouvé complettement que vouloir supprimer plusieurs parties de la coupole du Panthéon, ou même la démolir en totalité, ainsi qu'on l'a proposé récemment, comme moyen seul efficace pour soulager les supports, seroit causer une dépense infructueuse et additionnelle à celle impérieusement commandée pour leur réfection. L'on ne peut nier qu'une démolition quelconque, jointe à la construction de nouvelles voûtes, dans ce cas inévitable à faire, occasionneroient en pure perte des frais énormes en dénaturant le monument. La vérité d'une pareille remarque est sentie à l'avance par tout architecte expérimenté.

La restauration des piliers du dôme du Panthéon est difficile sans doute ; mais est-il rien de glorieux qui n'offre des obstacles ?

(1) *Principes de l'ordonnance*, etc. chap. 33, pag. 197; chap. 36, pag. 208.

C'est pourquoi, combiner des masses d'architecture d'une heureuse proportion et capables de procurer aux supports du dôme la solidité la plus complette, conserver dans le plan général de l'édifice les aspects intérieurs variés et piquans dus à son ingénieuse distribution ; tel a été le but de mon travail. Ce n'est pas que je prétende avoir surmonté toutes les difficultés d'une entreprise aussi grande ; cependant je me suis appliqué à saisir et à bien connoître ses points principaux : aussi je reste persuadé que tout autre système de restauration que celui de faire disparoître dans les supports actuels la forme triangulaire, d'augmenter considérablement la masse cubique, seulement à leurs têtes, sur les pans coupés et nullement sur les côtés droits, sera hasardé, et qu'il compromettra la durée du dôme, ou qu'il obstruera le plan du temple, ainsi que je l'ai dit plus haut. Il est vrai que l'architecte qui sera assez heureux pour vaincre tous les obstacles qui se rencontrent dans cet œuvre sans exemple, semblable au voyageur qui a franchi les routes les plus escarpées pour arriver à un but utile et honorable, jouira d'une satisfaction réelle ; cet artiste alors, dans un enthousiasme légitime, pourra dire avec Horace :

« J'ai achevé un monument durable pour ma gloire. »

OBSERVATIONS.

Aujourd'hui, la restauration des piliers du dôme de Ste.-Geneviève, le Panthéon, est terminée; le public peut prononcer sur le genre de son ordonnance et sur la nature de sa construction; il jugera du degré de justesse de mes réflexions, que renferme mon *Traité des voûtes, des péristyles et des dômes*, pag. 70, 71 et 72 (imprimé en juin 1809), et de celles que j'ai avancées sur cette même restauration, pag. 39, 40, 41 et 42, dans mes *Notices* publiées en février 1812.

FIN.

PLANS ET COUPES

DU PROJET DE RESTAURATION

DES PILIERS DU DÔME

DU PANTHÉON-FRANÇAIS.

Le desir de plusieurs artistes de connoître mes dessins pour la restauration des piliers du dôme du Panthéon, desir qui a été aussi manifesté dans des ouvrages périodiques (1), en y rendant compte des moyens que j'ai publiés (2) sur cette grande opération, m'a déterminé à les faire graver (3).

---

(1) Le *Magasin encyclopédique* s'explique ainsi :
« L'ouvrage que M. Viel vient de publier contient un plan de l'église de Ste.-Geneviève, qui, à la vérité, sert à éclaircir différens points de sa dissertation; mais il aurait été à desirer qu'il l'eut accompagné du plan et de la coupe de ses projets de restauration. » N°. 22, premier germinal, an 6 (21 mars 1798), pag. 165.

(2) Moyens pour la restauration des piliers du dôme du Panthéon-Français.
Paris, chez Perronneau, rue des Grands-Augustins, n°. 14.

(3) J'ai réduit mes premier dessins, pour être gravés, à la même échelle de ceux qui composent la collection des différens plans et coupes de la coupole du Panthéon, qui est entre les mains du public, par ce moyen il pourra plus aisément faire les rapprochemens qui l'intéresseront.

D

Plans et Coupes

Voy. pl. 23, fig. 1re.

Voyez fig. II.

Ces plans, fidèles à la description qui les a précédés, confirment que tous les moyens de solidité que j'emploie, s'appliquent aux piliers seuls, parce que seuls ils reçoivent le poids du dôme, ainsi que je l'ai observé dans mon ouvrage (1), et qu'entre les diverses parties qui les avoisinent, ils sont seuls dans un état de destruction.

Je ne me suis pas attaché, dans mes méditations sur la coupole du Panthéon, à ne comparer que la surface des piliers, relativement au diamètre du dôme, et à en faire sentir toute la disproportion (2), mais encore à comparer le volume particulier de chacun de ses supports en raison de celui des piles qui, dans la tour sont les parties essentielles de la solidité de la coupole entière. Et persuadé que je suis qu'un bon plan est nécessairement solide (3), j'ai donné la plus sérieuse attention à la nature de celui des piliers. En conséquence, j'ai fait disparoître les deux vices principaux qui y existent : la forme triangulaire et la disproportion énorme entre leurs masses et celles du plan de la tour du dôme.

Je me suis défendu d'avoir recours aux moyens artificiels de l'emploi des arcs-boutans, ainsi que je m'en suis déjà expliqué, lesquels ne sont que de véritables contrefiches (4). Je ne me suis pas non plus livré aux hypothèses illusoires sur la force dont les pierres qui construisent les piliers sont susceptibles, sur cette force qui fait tout l'espoir des partisans des piliers actuels (5).

(1) *Principes de l'ordonnance*, etc., chap. 39, pag. 223.
(2) *Idem*, chap. 36, pag. 209.
(3) *Idem*, chap. 34, pag. 200.
(4) Pièces de bois que l'on emploie pour suspendre la chûte des bâtimens.
(5) On lit, à ce sujet, dans un journal du 1er. floréal dernier, la phrase suivante:

« Des expériences nouvelles ont appris quel poids les pierres pourroient porter sans se fendre et sans s'écraser, etc. »

J'ai démontré toute l'incertitude dans laquelle laissent des expériences de cette nature. Voyez *Moyens pour la restauration*, etc., pag. 21.

Telles sont les considérations générales qui ont dirigé mon travail, et qui m'ont déterminé dans les moyens de restauration qu'expriment mes dessins. *Voy. fig. I et II.*

Et, pour bien faire connoître mes motifs particuliers, je dois donner ici un développement nouveau à une observation que j'ai déjà faite sur les divers soutiens de la colonnade extérieure.

Un peu de réflexion sur la construction de cette partie de l'édifice, ne permet pas à un homme instruit, d'assimiler les pendentifs intermédiaires aux arcs-chainettes qui reposent sur les murs d'enceinte de ce temple, à ceux que portent les piliers du dôme ; la différence entre eux est très-grande, et dans leurs fonctions, et dans leurs constructions.

Ces derniers soutiennent la coupole presque en totalité ; ils sont assujettis avec avantage par les voûtes des nefs qui les pressent, avec lesquelles ils s'appareillent, et renvoyent toute la charge sur les piliers.

Les premiers, au contraire, concourent seulement à porter la colonnade qui enrichit la tour du dôme à l'extérieur, et ces pendentifs ne sont point comme les précédens, buttés par des constructions distinctes de celles sur lesquelles ils reposent. De plus, les branches qui les constituent ont de chaque côté 56 pieds de longueur, et pour appui, un mur qui est le flanc même des arcs de 95 pieds 5 pouces, et dont l'épaisseur est à peine de 5 pieds.

Indépendamment de ces différences principales, ces mêmes pendentifs qui, selon leur plan naturel, devroient avoir une projection de 13 pieds, sont interrompus à huit pieds par l'angle droit des piliers du dôme, et là, ils se convertissent en des voûtes complettes au pied de la tour.

Un coup-d'œil sur les plans et les coupes découvre tout l'artifice de cette construction, l'on y reconnoît que ces arcs et ces pendentifs ne sont pas les soutiens uniques de la colonnade extérieure, comme on l'a publié récemment (1), et qu'elle ne pourroit exister sans le concours des piliers du dôme.

Ces mêmes arcs, d'ailleurs érigés dans l'origine sur le vide de baies adhérentes à la colonne de l'angle droit des murs extérieurs, auroient écroulé, sans les constructions récentes qui ont fermé ces mêmes baies : voilà où conduisent les moyens artificiels en construction.

Or, de cet état de choses dans la construction de la coupole du Panthéon, il résulte que la durée de tout ce qui en fait partie, dépend absolument de l'accroissement à faire dans ses piliers. De plus, la force nouvelle qu'ils acquerreront, sera protectrice de toutes les parties environnantes ; elle secondera avec succès les quatre grands arcs contre les efforts violens, qu'ils seroient dans le cas d'éprouver, d'après leur propre structure, sans un pareil secours (2). Par là le porte-à-faux de ces arcs sur les plates-bandes des colonnes qui sont adhérentes aux murs, ne laissera point de crainte, leur centre de gravité d'ailleurs se reportant de 8 pouces sur le corps des mêmes murs qui forment l'enceinte du temple.

(1) « Cette colonnade circulaire (dit-on, dans la *Décade philosophique*) composée de 32 colonnes, peut être conservée avec d'autant plus de raison *qu'elle n'est point soutenue par les piliers qui fléchissent,* mais par quatre grands arcs qui portent sur les coins rentrans des murs extérieurs de l'édifice. »

An 6, premier trimestre, 30 frimaire n°. 9, pag. 540.

(2) *Principes de l'ordonnance*, etc., chap. 39, pag. 223.

Je conclurai de ces observations, qui sont d'accord avec toutes celles qui sont déjà faites sur le même objet, que les piliers doivent être l'objet particulier de l'application des moyens de solidité à procurer au dôme du Panthéon (1), et que leurs têtes anguleuses et leurs pans coupés doivent fixer toute l'attention des architectes. Un tel parti satisfera aux données rigoureuses prescrites par la nature du plan de Soufflot.

Voyez fig. 1.

Déja plusieurs architectes ont publié des projets différens, plusieurs encore, animés d'une aussi noble émulation, sont dans le cas d'en produire de nouveaux. Bientôt le Gouvernement pourra fixer son choix, et ordonner les modèles de ceux des projets qui satisferont le mieux aux quatre conditions à remplir, savoir :

1°. Une solidité complette.

2°. L'altération la moins sensible dans la distribution du plan exécuté, et accroître la richesse de l'ordonnance au lieu de l'appauvrir.

3°. La conservation des péristyles intérieurs qui composent le temple, et ne leur porter aucune atteinte.

4°. L'emploi de membres d'architecture des plus heureuses proportions.

Comme la restauration des piliers du dôme du Panthéon fait une double et forte impression sur l'esprit du public, et à l'égard de la dépense qu'elle doit occasionner, et à celui de son succès, je puis dire que mes plans réunissent les moyens les plus efficaces

---

(1) *Idem*, chap. 40, pag. 225, ayant pour titre, *raisons d'augmenter le volume des supports du dôme.*

en solidité, et que tout-à-la-fois leur exécution n'entraînera point des frais considérables. Voici comment je le prouve.

Je ne crains pas d'être démenti en avançant que les constructions que je propose, ne peuvent être évaluées au vingtième de la totalité des dépenses faites jusqu'à ce jour pour le monument entier. Or, l'on sait qu'elles n'excèdent point 17,000,000 francs; donc l'exécution de mon projet ne peut s'élever au-delà de 900,000 francs; mais les calculs que j'en ai faits, m'ont encore donné un résultat inférieur. Et l'on juge aisément que cette somme ne devant être délivrée que selon le progrès des travaux, un tems assez long s'écouleroit à l'employer. Ainsi le trésor de l'Etat n'en seroit pas altéré. Au reste, il n'y a que deux partis à prendre sur le dôme du Panthéon: l'un, de renforcer ses piliers pour assurer sa conservation; l'autre, de le laisser sur ses bases actuelles et de le voir écrouler.

Fassent les destinées de ce superbe édifice, que la diversité dans les jugemens de quelques architectes à systèmes, ne laisse pas plus longtems les supports du dôme dans la détresse où ils sont, et le Gouvernement dans une fluctuation dangereuse, pour ordonner leur restauration, qui n'est que trop prolongée. C'est en vain que l'on voudroit encore prétendre que le péril n'existe pas; que les piliers se maintiennent dans un état immobile depuis longtems; que leur force *est encore telle qu'elle pourroit porter un poids décuple de celui dont elle est chargée* (1). Des débris qui journellement se succèdent et tombent à leurs pieds (2), donnent la

(1) Cette proposition est extraite du même ouvrage périodique, du premier floréal dernier, déjà cité, dont le but est de rassurer le public sur la ruine du Panthéon.

(2) Depuis la publication de mes *Moyens de restauration*, plusieurs effets de destruction se sont manifestés, entre autres dix tambours de suite, à compter de la base de la colonne d'angle du pilier *sud-*

démonstration la plus claire d'une question que l'on s'obstine à rendre problématique.

Et pour défendre le public contre des assertions aussi étranges; car selon la pensée d'un écrivain moderne, « il existe des gens plus disposés à croire tout ce qui est extraordinaire, qu'en mesure d'apprécier ce qu'on présente à leur crédulité, qui accueillent aisément l'exagération couverte des apparences de l'exactitude mathématique, parce qu'ils supposent qu'on ne peut mentir par des chiffres, » je déclare que tout architecte éclairé par l'expérience, que les véritables amis des arts ont les plus justes craintes qu'une telle lutte, que peut-être trop de petits motifs alimentent, ne fassent appliquer un jour au Panthéon-Français le mot de la Fontaine :

..... S'étant trouvés différens pour la cure,
Le malade paya le tribut à nature.

EXPLICATION DE LA PLANCHE.

Figure première.

Plan des piliers au sol de l'édifice.

N°. 1. Piliers actuels du dôme, de forme triangulaire.
N°. 2. Côté de l'angle droit du plan.
N°. 3. Pan coupé, ou base du triangle.

ouest, sur la nef du côté du *sud*, ont flué en gravois, et ce, dans le quart de leur diamètre : aucun raisonnement ne peut atténuer un tel fait. D'ailleurs des signes de nouveaux déchiremens ont lieu dans les différens piliers, et les plus prochains, comme les plus importans, éclateront dans ceux au *sud-est* et au *nord-est*. Mes dernières observations ne me permettent point d'en douter.

EXPLICATION DE LA PLANCHE.

N°. 4. Colonnes d'angles.
N°. 5. Pilastres adhérens aux colonnes, et ployés sur le pan coupé.
N°. 6. Arcs faisant redan à la tête des nefs sur le côté extérieur du dôme.
N°. 7. Arcs des voûtes des nefs.
N°. 8. Côté extérieur du plan de la tour du dôme, ayant 12 pouces 9 lignes de porte-à-faux sur les arcs des nefs.
N°. 9. Côté intérieur du plan de la tour, reposant sur les arcs qui font redan.

RESTAURATION.

A. Piédroits enveloppant la forme triangulaire des piliers(1).
B. Renforts de 5 pieds sur le pan coupé.
C. Réfection des paremens fracturés sur les cotés droits des piliers.
D. Colonnes accompagnant les piédroits.
E. Nouveau plan de l'entablement qui couronne les pendentifs.
F. Piédestaux de groupes de figures.

FIGURE DEUXIÈME.

a Plan pris à la naissance de l'ordre extérieur de la tour du dôme.
b Piles au-dessus des piliers, sur lesquelles tout le poids de la coupole est dirigé.
c Trumeaux distribuant le mur intermédiaire de la tour du dôme.
d Colonnes adhérentes et qui font partie de la tour.
e Escalier de la coupole.

(1) Ces piédroits ne font, ainsi que je l'ai avancé, qu'une seule et même construction avec les colonnes isolées; ils koncourent ensemble à toute la force des arcs doubleaux qu'ils doivent porter, avantage que des colonnes solitaires ne procureraient pas.

FIN.

Plan du Panthéon Français.

www.ingramcontent.com/pod-product-compliance
Lightning Source LLC
Chambersburg PA
CBHW060709050426
42451CB00010B/1341